THOMAS S. McANALLY

PREGUNTAS Y RESPUESTAS

SOBRE

la Iglesia Metodista Unida

I0159274

PREGUNTAS Y RESPUESTAS SOBRE
LA IGLESIA METODISTA UNIDA

Derechos reservados © 2018 por Abingdon Press.
Todos los derechos reservados.

Ninguna parte de esta obra podrá reproducirse o transmitirse de ninguna
forma ni por ningún medio, ya sea electrónico o mecánico, incluidas
fotocopias y grabaciones, o mediante cualquier sistema de almacenamiento
o recuperación de información, salvo que esté expresamente permitido
por la Ley de Copyright de 1976 o por escrito de la editora. Las solicitudes
de permiso pueden dirigirse a la Oficina de Permisos, 2222 Rosa L. Parks
Blvd., Nashville, TN 37228-1306, por fax al 615-749-6128, o por correo
electrónico a: permissions@umpublishing.org.

El símbolo de la cruz y la llama es una marca registrada y su uso es
supervisado por el Concilio General de Finanzas y Administración de
la Iglesia Metodista Unida. El permiso para usar la cruz y la llama debe
obtenerse del Concilio General de Finanzas y Administración de la Iglesia
Metodista Unida:
Departamento legal:
GCFA
P.O. Box 340029
Nashville, TN 37203-0029
Teléfono: 615-369-2334
Fax: 866-246-2516

Editora: Rachel B. Hagewood
Diseñador: Ed Maksimowicz

Las direcciones web (p. 32) eran correctas y operativas en el momento de
la impresión de esta publicación.

Impreso
ISBN: 9781501879999
PACP10553643-01
ePub
ISBN: 9781501880001
PACP10553644-01

18 19 20 21 22 23 24 25 26 27 — 10 9 8 7 6 5 4 3 2 1
HECHO EN LOS ESTADOS UNIDOS DE NORTEAMÉRICA

PREGUNTAS Y RESPUESTAS

SOBRE

la Iglesia Metodista Unida

PREGUNTAS Y RESPUESTAS

SOBRE

la Iglesia Metodista Unida

INTRODUCCIÓN

En un musical muy conocido en los Estados Unidos, el personaje central, que representa a una maestra de la escuela parroquial, usa tarjetas de ayuda para enseñar a sus jóvenes estudiantes los principios básicos de la fe cristiana. Trata, de este modo, de explicarlo todo a su audiencia. Con frecuencia, hojea las tarjetas y responde las preguntas de una manera muy práctica. Sin embargo, se detiene abruptamente cuando llega a la pregunta: "Si Dios es todopoderoso, ¿por qué permite el mal en el mundo?" Con una mirada furtiva hacia la izquierda y hacia la derecha, ¡pasa rápidamente a la siguiente tarjeta!

En *Preguntas y respuestas sobre la Iglesia Metodista Unida*, no trato de "explicarlo todo para usted" ni de proveer respuestas exhaustivas, académicas o definiciones enciclopédicas. Las preguntas incluidas en este libro son las que a menudo hacen los miembros de la iglesia y otras personas interesadas en la Iglesia Metodista Unida. Las he agrupado en categorías en un intento de proporcionar organización a este recurso; las preguntas en su mayoría son independientes. Supongo que, si alguien formula una pregunta con frecuencia, es posible que usted también se la haya preguntado o ha deseado hacerlo. Intenté responder estas preguntas con la mayor simplicidad posible. Ciertamente las respuestas son incompletas.

Si desea información más detallada, incluyo una lista de recursos recomendados al final de esta obra. Además, usted puede hablar con su pastor o con su pastora o leer con atención el sitio web oficial de la denominación, www.umc.org, para saber más sobre la iglesia.

Thomas S. McAnally

TABLA DE CONTENIDO

SACRAMENTOS

¿Qué se requiere de mí para ser metodista unido?

El bautismo lo presenta a usted ante la iglesia cristiana universal, es decir, ante la familia de Cristo. Cuando se bautice se le pedirá que

- renuncie a las fuerzas espirituales de la maldad, rechace los poderes malvados del mundo y se arrepienta de sus pecados;
- acepte la libertad y el poder que Dios le da para resistir el mal, la injusticia y la opresión; y
- confiese a Jesucristo como su Salvador, ponga toda su confianza en su gracia, y prometa servirlo como su Señor, en unión con la iglesia que Cristo ha abierto a todas las personas de toda edad, naciones y razas (The Baptismal Covenant I, *The United Methodist Hymnal* [UMH]).

Su pastor o su pastora le puede pedir a usted que participe en una clase de membresía antes de bautizarse o tomar los votos de la membresía de la iglesia.

¿Qué pasa después del bautismo?

Para ser recibido como miembro metodista unido, se le pedirá "ser leal a Cristo a través de la Iglesia Metodista Unida y hacer todo lo que esté a su alcance para fortalecer sus ministerios". Por último, usted será recibido como miembro de una congregación particular al comprometerse a participar fielmente en sus ministerios con sus oraciones, su presencia, sus dones, su servicio y su testimonio. El bautismo no es el final del proceso; es apenas el comienzo de un viaje de fe de toda la vida que se vive en comunidad con su iglesia local.

¿Qué enseña la iglesia sobre el bautismo?

"A través del Sacramento del Bautismo, somos iniciados en la santa iglesia de Cristo. Somos incorporados en los poderosos actos de salvación de Dios y se nos da un nuevo nacimiento a través del agua y del Espíritu. Todo esto es un regalo de Dios, que nos lo ofrece gratuitamente" (The Baptismal Covenant II, UMH).

Si ya he sido bautizada en otra denominación cristiana, ¿debo volver a bautizarme para ser metodista unida?

No, se acepta su bautismo previo.

7

¿Hay algunas excepciones?

Sí. Un ejemplo, que se encuentra en *The Book of Resolutions of The United Methodist Church, 2016* (Libro de resoluciones de la Iglesia Metodista Unida de 2016), recomienda que a los conversos de la Iglesia de Jesucristo de los Santos de los Últimos Días se les ofrezca el sacramento del bautismo cristiano después de un período de intensa exploración e instrucción en la fe cristiana porque esa iglesia, de acuerdo con *The Book of Resolutions of The United Methodist Church, 2016*, "se presenta como una tradición de fe fuera de los parámetros del cristianismo histórico y apostólico".

¿Qué pasa si quiero ser bautizada por segunda vez?

El bautismo es una acción de Dios, y Dios la hace bien la primera vez. Nuestra parte de la relación del pacto con Dios necesitará el volver a comprometerse y la reafirmación, pero Dios siempre permanece fiel en la parte divina. Hable con su pastor o con su pastora sobre tener un servicio significativo para recordar y renovar sus votos de cuando usted fue bautizada.

¿Cómo se lleva a cabo el bautismo en la Iglesia Metodista Unida?

La aspersión es el método más comúnmente utilizado, pero también se permite el verter agua y la inmersión. Los metodistas unidos están más interesados en el simbolismo y el significado del evento que en la forma exacta que podría haber sido utilizada en los primeros tiempos.

Los metodistas unidos bautizan bebés. ¿Es el bautismo necesario para la salvación?

Independientemente de la edad, el sacramento del bautismo es la iniciación en el hogar de la fe. Es el medio por el cual una persona es "incorporada por el Espíritu Santo en una nueva creación de Dios". (The Baptismal Covenant II, UMH). Cuando una niña o un niño es bautizado, sus padres prometen criarle en un hogar cristiano, y la congregación reconoce su responsabilidad en la educación cristiana de la criatura. Los votos bautismales generalmente son reafirmados por el niño y por la niña en la confirmación. El bautismo no es absolutamente necesario para la salvación. Una bebé que muere sin haber sido bautizada está tan dentro del amor y el cuidado de Dios como el bebé que muere bautizado.

¿Cuál es la diferencia entre el bautismo y la confirmación?

El *sacramento* del bautismo para una persona de cualquier edad reconoce el amor incondicional de Dios y su reclamo sobre el receptor y no debe repetirse. El *rito* de la confirmación es la respuesta de una persona a Dios. La confirmación se observa con mayor frecuencia en las iglesias locales cuando los jóvenes, bautizados cuando eran infantes, hacen su propia declaración pública de fe. Sin embargo, las personas de cualquier edad pueden optar por reafirmar sus votos de bautismo en un servicio público de adoración más de una vez.

¿Cuáles sacramentos son celebrados por los metodistas unidos?

Dos: El bautismo, una iniciación no repetible en el cuerpo de Cristo y la Cena del Señor, una celebración regularmente repetible de la comunión del cuerpo de Cristo. Otros eventos como la confirmación, el matrimonio y los servicios funerarios son obviamente importantes e importantes, pero no se consideran sacramentos. Un sacramento es una ceremonia considerada especialmente sagrada porque Dios actúa a través de ella o porque es un signo o símbolo de una realidad significativa. Los *Articles of Religion* (Artículos de religión) de la denominación llaman a los sacramentos "ciertos signos de gracia y la buena voluntad de Dios hacia nosotros".

¿Cuál es la diferencia entre la Comunión y la Cena del Señor?

La Sagrada Comunión, la Cena del Señor y la Eucaristía se refieren al sacramento celebrado por los metodistas unidos, pero cada término resalta un aspecto diferente de este acto de adoración: *comunión* con Dios y entre nosotros, una *cena santa* a la que somos invitados por Jesús, y *damos gracias* a Dios por los dones de la creación y la salvación. Este sacramento es una celebración y un recordatorio de la gracia y la misericordia de Dios en Jesús, de la resurrección de Cristo y de la presencia continua de Cristo con nosotros.

En el servicio de Comunión, ¿qué se entiende por "cuerpo y sangre de Cristo?"

El pan y el vino representan el cuerpo y la sangre de Jesús cuando habló de ellos en la Última Cena con sus discípulos. No creemos que los elementos literalmente se conviertan en el cuerpo y la sangre de Cristo, pero sí creemos que Jesucristo está verdaderamente presente en la Sagrada Comunión. La presencia divina es una realidad viviente y puede ser vivida por los participantes. No es solamente un recuerdo de la Última Cena y la crucifixión, sino también una celebración de la presencia de Cristo.

¿Con qué frecuencia observan los metodistas unidos la Sagrada Comunión?

La mayoría de las congregaciones observan la Sagrada Comunión al menos una vez al mes, generalmente el primer domingo y en días especiales del año cristiano. Algunas congregaciones ofrecen la Comunión semanalmente. Hay un movimiento que promueve celebraciones más frecuentes para recuperar las prácticas de la iglesia primitiva y el metodismo temprano. John Wesley, fundador del metodismo, instruyó a los creyentes a celebrar la Sagrada Comunión "tan a menudo como [uno] pueda".

¿Por qué la iglesia usa jugo de uva en vez de vino en la Santa Comunión?

Aunque la práctica cristiana histórica y ecuménica ha sido utilizar el vino, el uso del jugo de uva sin fermentar por parte de la Iglesia Metodista Unida, y sus predecesores desde finales del siglo XIX, expresa la preocupación pastoral por las personas alcohólicas en recuperación, permite la participación de niños y jóvenes, y apoya el testimonio de la iglesia de la abstinencia de bebidas alcohólicas. El término *vino* continúa siendo utilizado debido a sus antecedentes bíblicos e históricos, incluso cuando se usa jugo de uva no fermentado.

¿Se les permite a los niños participar en la Cena del Señor?

Sí. La Cena del Señor está abierta a todas las personas. Las niñas y los niños, miembros de la comunidad del pacto, pueden no comprender completamente lo que sucede en esta ceremonia, pero saben cuándo son excluidos.

¿Hay alguien excluido de participar en la Cena del Señor?

Cualquier persona puede participar si responde afirmativamente a esta invitación: "Cristo nuestro Señor invita a su mesa a todas las personas que lo aman, que se arrepienten sinceramente de sus pecados y buscan vivir en paz unos con otros" (*A Service of Word and Table I*, UMH). Los metodistas unidos practican la "Comunión abierta", lo que significa que la Mesa del Señor está abierta a todas las personas que responden al amor de Cristo, independientemente de su edad o afiliación a una iglesia. Las personas que no han sido bautizadas pueden responder con fe a la invitación y recibir la Comunión, pero se anima a la iglesia a aconsejar a estas personas y nutrirlas espiritualmente para el bautismo.

¿Se puede celebrar la Santa Comunión en mi boda?

Sí, pero la invitación debe extenderse a todas las personas presentes. No es apropiado que únicamente la pareja o la familia comulguen.

¿Quién tiene la autorización para administrar los sacramentos del bautismo y la Sagrada Comunión?

Presbíteros ordenados. A otras personas, como los pastores con licencia, los presbíteros comisionados y los diáconos, se les puede otorgar la autoridad para administrar los sacramentos, pero solamente en una congregación o cargo particular a los que son nombradas.

¿Podemos tomar los elementos de la Comunión consagrados por nuestro pastor y recibirlos varios días después en nuestro retiro juvenil?

No. Consagrar los elementos por adelantado es inapropiado. El pan y el vino deben ser consagrados y consumidos en presencia de la comunidad de fe reunida. La Mesa se amplía cuando los miembros laicos llevan los elementos consagrados inmediatamente después del servicio a los miembros confinados en un hogar, en un asilo de ancianos o en un hospital.

✝

CREENCIAS

Un amigo de otra denominación dijo medio en broma que una persona puede ser metodista unida y creer cualquier cosa. ¿Por qué existe esa impresión entre algunas personas?

Los metodistas unidos reconocen el derecho de los cristianos a diferir en doctrina. Solamente exigen tener las creencias esenciales de que Dios es nuestro Creador, que Jesús el Cristo es nuestro Señor y Salvador, y que el Espíritu Santo está siempre presente con nosotros. Si bien reconocemos la primacía de la Escritura en la reflexión teológica, nuestros intentos por comprender su significado siempre involucran la tradición de la iglesia, la experiencia personal y la capacidad de razonar por nosotros mismos. La Iglesia Metodista Unida no es una iglesia que sigue estrictamente un credo que exige que sus miembros se suscriban a un sistema de creencias rígidamente detallado. Esto no significa, sin embargo, que los metodistas unidos no estén comprometidos con las doctrinas cristianas básicas. Tanto los Artículos de Religión como la Confesión de Fe están incorporados en nuestro *Libro de Disciplina* como los patrones doctrinales de la iglesia. Además, los *Standard Sermons* (Sermones modelo) y *Notes upon the New Testament* (Notas sobre el Nuevo Testamento) del fundador del metodismo, John Wesley, están incluidos en los patrones de doctrina existentes y establecidos y son aceptados como documentos históricos para los metodistas unidos. Afirmamos las doctrinas cristianas centrales, como la Trinidad —Padre, Hijo y Espíritu Santo— tanto en la experiencia personal como en la comunidad de creyentes; la salvación por gracia a través de la fe en Cristo como Salvador; la iglesia universal; el reino de Dios como una realidad presente y futura; la autoridad de la Escritura en asuntos de fe; y la unidad esencial de la iglesia en Jesucristo. "Nuestra tarea teológica", una sección de doce páginas (82-94) del *Libro de Disciplina*, motiva a que todos los metodistas unidos reflexionen sobre la acción de la gracia de Dios en sus vidas.

Usted dice que la iglesia no es de credo, pero a menudo escucho credos recitados en los servicios de adoración metodistas unidos. ¿Por qué?

Aunque no hemos hecho la aceptación rígida de un credo, que es la base para unirnos en el compañerismo de la iglesia, no dudamos en usar credos en la adoración. Nos permiten recordar y afirmar los intentos antiguos y modernos de articular la tradición cristiana desde una variedad de perspectivas.

¿Por qué el credo que a menudo escucho en el culto afirma la creencia en la iglesia católica?

La "santa iglesia católica", una frase del Credo de los Apóstoles, indica nuestra creencia de que la iglesia es esencialmente una, universal y abierta a todas las personas. No es una referencia específica a la Iglesia Católica Romana.

¿Se les dice a los pastores qué Escrituras deben usar en sus sermones?

No, las pastoras y los pastores metodistas unidos tienen libertad total para seleccionar las Escrituras. Sin embargo, muchos usan una guía ecuménica conocida como *The Revised Common Lectionary* (Leccionario común revisado). Este leccionario incluye un ciclo de tres años de textos bíblicos que incorpora, generalmente, lecciones del Antiguo Testamento, una epístola y uno de los evangelios. Con frecuencia, contiene también una selección de Salmos. Si sigue el leccionario, una congregación escuchará los principales temas bíblicos durante un período de tres años y explorará algunos textos que de otro modo podrían descuidarse. A muchas congregaciones les agrada saber que el mismo día se estudian y analizan los mismos textos bíblicos con cristianos de todo el mundo.

¿Por qué se cambian los colores en nuestro altar y en las estolas usadas por nuestros pastores, nuestras pastoras y miembros del coro?

La Iglesia Metodista Unida y muchos otras organizaciones cristianas usan colores para marcar eventos importantes en la vida de la iglesia. *The United Methodist Book of Worship* (Libro de adoración metodista unida) alienta "la creatividad con colores y signos para los días y las estaciones", pero la mayoría de nuestras iglesias usan los siguientes colores: púrpura o azul (Adviento); blanco (Navidad, Pascua, Día de todos los santos, Cristo Rey); púrpura (Cuaresma, a veces con negro usado el Miércoles de ceniza y el Viernes santo); rojo (Pentecostés); y verde en otros momentos (tiempo ordinario).

¿Qué es diferente o distintivo de los metodistas unidos?

Ninguna doctrina cristiana es exclusivamente metodista unida. Sin embargo, tenemos algunos elementos que nos distinguen y que incluyen:
- la disponibilidad de la gracia de Dios para todas las personas;

- la unidad esencial de fe y obras;
- la salvación como personal y social;
- la iglesia como una comunidad de discípulos de Cristo que busca compartir la misión de Dios;
- la inseparabilidad del conocimiento (intelecto) y la piedad vital (devoción a los deberes y prácticas religiosas) como componentes de la fe;
- la búsqueda de la santidad del corazón y de la vida como individuos y en la sociedad;
- un ministerio cooperativo y una misión en el mundo; y
- el vínculo entre la doctrina cristiana y la vida cristiana.

¿Cómo ven los metodistas unidos a otras organizaciones cristianas?

Nos esforzamos por lograr la unidad y la cooperación cristianas. Nuestra constitución afirma nuestro compromiso ecuménico: "Como parte de la iglesia universal, la Iglesia Metodista Unida cree que el Señor de la iglesia llama a los cristianos (mujeres y hombres) en todas partes a luchar por la unidad; y por lo tanto orará, trabajará por, y buscará la unidad en todos los niveles de la vida de la iglesia". Este espíritu ecuménico existe en todos los niveles del metodismo unido que incluyen concilios o asociaciones de iglesias y misiones cooperativas y ministerios en comunidades locales y en diferentes lugares alrededor del mundo.

HISTORIA Y DEMOGRAFÍA

¿Cuántos años tiene la Iglesia Metodista Unida?

Las raíces del metodismo comienzan en la Inglaterra del siglo XVIII. El metodismo estadounidense se organizó formalmente en 1784 con la creación de la Iglesia Metodista Episcopal. Siguiendo divisiones, uniones y reuniones, la actual Iglesia Metodista Unida fue creada en 1968 con la fusión de la Iglesia Metodista y la Iglesia Evangélica de los Hermanos Unidos. La Iglesia Evangélica de Hermanos Unidos fue el resultado de la unión en 1946 de la Iglesia de los Hermanos Unidos en Cristo y la Iglesia Evangélica. La Iglesia Metodista fue el resultado de la unión en 1939 de la Iglesia Metodista Episcopal, la Iglesia Protestante Metodista, y la Iglesia Metodista Episcopal, Sur.

¿De dónde proviene el nombre de la iglesia?

John y Charles Wesley, y otros jóvenes que asistían a la Universidad de Oxford, se reunían regularmente en 1729 para mejorar su capacidad intelectual y espiritual y para ayudarse mutuamente a ser mejores cristianos. Tan sistemáticos eran sus hábitos, en sus deberes religiosos y sus reglas de conducta, que otros estudiantes los llamaban burlonamente *metodistas*. *Unidos* en el nombre de la iglesia proviene de la Iglesia Evangélica Unida de Hermanos, que se unió con la Iglesia Metodista en 1968 para formar la Iglesia Metodista Unida.

John Wesley

Pero, ¿no hay otras denominaciones metodistas?

Sí, muchas, pero no todas tienen denominaciones wesleyanas o metodistas en sus nombres. El Concilio Metodista Mundial, organizado en 1881, es una asociación de ochenta iglesias metodistas, wesleyanas y unificadoras que representan a 80.5 millones de personas en 133 países. Las iglesias que se unen son aquellas en las cuales los metodistas se han unido con otros para formar una nueva denominación, como la Iglesia Unida de Canadá.

Charles Wesley

¿Cuántas denominaciones estadounidenses tienen raíces en el movimiento wesleyano?

Hay por lo menos catorce denominaciones en los Estados Unidos con raíces wesleyanas. La más grande denominación, con siete millones de miembros, es la Iglesia Metodista Unida. Ocupa el segundo lugar en la membresía de la Iglesia Protestante de los Estados Unidos, después de los bautistas del sur, pero geográficamente se encuentra más extendida, con al menos una congregación en la mayoría de los condados. Hay casi tantas iglesias metodistas unidas como oficinas postales en los Estados Unidos. Otras denominaciones estadounidenses con raíces wesleyanas, que son miembros del Concilio Metodista Mundial, incluyen a la Iglesia Metodista Episcopal Africana, la Iglesia Metodista Cristiana Episcopal, la Iglesia Metodista Episcopal de Sión, la Iglesia de los Nazarenos, la Iglesia Metodista Libre y la Iglesia Wesleyana.

¿Cuál es la denominación wesleyana más grande fuera de los Estados Unidos?

Entre las denominaciones metodistas autónomas en todo el mundo, la Iglesia Metodista de Corea lidera con 1.4 millones de miembros, 6.721 iglesias y 11.674 clérigos. La congregación más grande de la familia wesleyana en todo el mundo, con 45.212 miembros, es la Iglesia Metodista Kumnan en Seúl, Corea.

¿Qué tan grande es la Iglesia Metodista Unida?

La membresía en los Estados Unidos en el año 2018 es de aproximadamente 7 millones; la membresía fuera de los Estados Unidos ha crecido a 5.6 millones.

¿En cuánto ha disminuido la membresía de la Iglesia Metodista Unida?

La membresía combinada de la iglesia alcanzó un máximo de once millones en las dos denominaciones que precedieron a la Iglesia Metodista Unida (Iglesia Metodista y Evangélica Unida) en 1965. Desde entonces ha disminuido constantemente en los Estados Unidos, pero ha crecido en otros países. Gran parte de este crecimiento se ha registrado en Filipinas y partes de África. Los nuevos miembros siguen disminuyendo, especialmente las profesiones de fe, pero la membresía nueva se mantiene estable como la principal forma de ganar nuevos miembros (en comparación con las transferencias desde otras denominaciones). La asistencia promedio al principal servicio de adoración semanal ha disminuido en más de un millón de personas desde 1968.

¿Cuál es la congregación más grande en la denominación?

De las siete congregaciones metodistas unidas en los Estados Unidos que, según sus estadísticas, tienen más de 10.000 miembros cada una, cinco están en Texas y tres en Houston. Windsor Village en Houston es la más grande con más de 18.000 miembros, seguida de Highland Park, Dallas, con casi 17.000 miembros. La Iglesia de la Resurrección en Leawood, Kansas, tiene casi 15.000 miembros; White's Chapel en Fort Worth, Texas, tiene casi 14.000; Glide Memorial en San Francisco, California, tiene más de 13.000; The Woodlands en Houston, Texas, tiene más de 12.000; y Saint Johns en Houston, también en Texas, tiene más de 10.000.

Más del 70% de las iglesias metodistas unidas en los Estados Unidos tienen menos de 200 miembros, que representan el 25.5% de la membresía total de la denominación, el 30.5% de asistencia a la adoración y el 39.5% de asistencia a grupos de formación cristiana (escuela dominical, grupos pequeños, y otros). Si bien nuestras iglesias en su mayoría se consideran iglesias pequeñas en membresía (menos de 200 miembros), nuestros miembros, en su mayoría, (74.3%) asisten a congregaciones con más de 200 miembros.

¿Cuándo se convirtieron los afroamericanos en parte del metodismo?
Los afroamericanos han sido parte del movimiento metodista desde los primeros días del metodismo estadounidense. En la organización de la Conferencia de Navidad de 1784, en Baltimore, entre las personas presentes estaban Richard Allen y Harry Hosier, ambos predicadores negros populares y ex esclavos. Anne Sweitzer, una esclava, ya era parte de la primera sociedad metodista en América, fundada en Maryland en 1764. Bettye, una empleada de servicio doméstico, ayudó a comenzar la Iglesia John Street en Nueva York, el primer centro formal de reuniones en los Estados Unidos. Otras dos mujeres negras contribuyeron con dinero para ayudar a construir esa capilla. Miles de conversos metodistas negros, esclavos y libres, adoraban junto a conversos blancos en reuniones de campamentos y avivamientos.

Harry Hosier

¿No hay una denominación metodista africana en los Estados Unidos?
Hay varias denominaciones metodistas históricamente afroamericanas. Las tres más grandes, con una membresía combinada de más de 4.5 millones, son:
- La Iglesia Metodista Episcopal Africana, organizada formalmente en 1816. Su origen se remonta a un incidente en la

17

Iglesia Episcopal Metodista de San Jorge en Filadelfia en 1787 cuando un grupo de afroamericanos abandonó la iglesia para protestar contra la discriminación racial.

- La Iglesia Metodista Episcopal Africana de Sión, que data de 1796, cuando fue organizada por un grupo de miembros que protestaban contra la discriminación en la Iglesia Metodista John Street en la ciudad de Nueva York.
- La Iglesia Metodista Episcopal Cristiana, que se estableció en 1870, después de un acuerdo entre los miembros blancos y negros de la Iglesia Metodista Episcopal del Sur.

En términos de etnicidad, ¿cuán diversa es la Iglesia Metodista Unida en los Estados Unidos?

De los 7 millones de miembros en los Estados Unidos, menos del diez por ciento son minorías étnicas: 427.000 afroamericanos; 92.373 asiáticoamericanos; 76.864 hispanoamericanos; y 21.208 nativoamericanos. De los 46 obispos estadounidenses activos, diez son afroamericanos (seis hombres, cuatro mujeres), cinco son asiáticos (todos hombres), tres son hispanoamericanos (un hombre, dos mujeres) y 28 son caucásicos (diecisiete hombres, diez mujeres). Hay 5.6 millones de miembros fuera de los Estados Unidos.

¿Están las mujeres bien representadas en el liderazgo de la Iglesia Metodista Unida?

Las mujeres representan el 58% de la membresía total de metodistas unidos en los Estados Unidos. De los 66 obispos activos de la iglesia, 17 son mujeres. Aproximadamente 135 de los 423 superintendentes de distrito de los Estados Unidos son mujeres. De los 45.210 clérigos ordenados de los Estados Unidos, alrededor de 12.300 son mujeres. Si bien las mujeres clérigas han aumentado en número en las últimas décadas, todavía hay relativamente pocas mujeres en puestos pastorales principales en las iglesias grandes. La encuesta más reciente en 2017 indicó que alrededor de la mitad de los estudiantes de seminario, que se preparaban para el ministerio en los seminarios metodistas unidos en los Estados Unidos, la conformaban mujeres.

✝

ORGANIZACIÓN

¿Cómo está organizada la Iglesia Metodista Unida?

La denominación es una organización democrática y representativa. La manera en que se organiza la iglesia, la selección de sus líderes y la forma en que utiliza sus recursos están determinadas por la mayoría de los miembros con derecho a voto en reuniones locales, regionales e internacionales llamadas "conferencias".

¿Tienen las personas laicas mucho que decir sobre lo que sucede en la iglesia?

En los primeros días del metodismo estadounidense, el clero tomaba la mayoría de las decisiones para la iglesia. Hoy, el laicado y el clero tienen la misma voz en las conferencias anuales, jurisdiccionales y generales. También hay guías que fomentan una representación justa de mujeres, jóvenes adultos y jóvenes en la toma de decisiones. Por supuesto, a nivel local, el laicado está profundamente involucrado en cada aspecto de la misión y el ministerio de la iglesia.

¿Dónde está la sede de la Iglesia Metodista Unida?

No hay una sede ni un solo portavoz o autoridad, como un papa o un arzobispo. El único cuerpo que puede hablar por la Iglesia Metodista Unida es la Conferencia General, que se reúne cada cuatro años en un lugar diferente en todo el país, rotando, tradicionalmente, entre las cinco jurisdicciones de los Estados Unidos.

Las agencias de toda la iglesia son establecidas por la Conferencia General para apoyar y administrar el trabajo de la iglesia. Estas juntas y agencias están ubicadas en varias ciudades, que incluyen Atlanta, Georgia; Nashville, Tennessee; Washington, Distrito de Columbia; y Nueva York, Nueva York. Puede encontrar una lista de las agencias generales y sus respectivas direcciones web al final de este folleto.

¿Qué ocurre con el dinero que pongo en el plato de las ofrendas?

En los Estados Unidos, alrededor de 85 centavos de cada dólar dado en el plato de la ofrenda permanecen en la iglesia local; 7 centavos van a trabajar en el distrito, la conferencia anual y el nivel jurisdiccional; 6 centavos van a donaciones benevolentes; y 2 centavos van a prorrateos generales. Las cifras de gastos de su iglesia variarán ya que dependen de su apoyo a las benevolencias de la conferencia anual.

El dinero que los metodistas unidos otorgan a la Iglesia Metodista Unida más amplia a través de asignaciones permite a la iglesia, como una conexión mundial, hacer más de lo que cualquier iglesia o incluso una conexión regional de iglesias puede hacer por sí sola. Apoyamos la misión, el ministerio, la educación, la ayuda en desastres y otras necesidades esenciales en todo el mundo. El costo de nuestro ministerio global centrado en Cristo es significativo, pero es solamente una pequeña parte del presupuesto de la iglesia local.

¿Qué es una conferencia de cargo?

Un "cargo" es generalmente una iglesia local, pero a veces dos o más iglesias más pequeñas están conectadas entre sí para formar un cargo. La conferencia de cargo —compuesta por todos los miembros del concilio de la iglesia o cuerpo de liderazgo— se reúne al menos una vez al año para supervisar y dirigir el ministerio de la iglesia, establecer salarios para el pastor o la pastora y otro personal, y elegir miembros para los órganos de la organización la iglesia dentro de la iglesia, incluido el concilio de la iglesia. El superintendente de distrito generalmente la preside. La conferencia de cargo es el enlace que conecta la iglesia local con la conferencia anual y con toda la iglesia en general. Una "conferencia de la iglesia", en la cual todos los miembros de la iglesia participan y votan, puede ser autorizada por el superintendente del distrito.

¿Qué es un superintendente de distrito?

Un superintendente de distrito, a menudo denominado "D.S." (por sus siglas en inglés), es un presbítero ordenado designado por un obispo para supervisar una región (o distrito) de aproximadamente 50 iglesias. Estos distritos varían mucho en área geográfica. Con muy raras excepciones, un individuo no puede ser nombrado pastor y superintendente de distrito simultáneamente. Los superintendentes de distrito son nombrados por un año a la vez, al igual que los pastores y las pastoras.

¿Qué es una conferencia anual?

El término es un poco confuso porque el título se refiere tanto a las unidades regionales como a las reuniones que celebran esas unidades cada año. Hay 56 conferencias anuales (regionales) en los Estados Unidos, supervisadas por 46 obispos. Hay 75 conferencias anuales en África, Europa y Filipinas, supervisadas por 20 obispos. (Algunas conferencias anuales se agrupan en áreas episcopales, donde un obispo preside múltiples conferencias anuales). Cada año, un número igual de miembros laicos de las iglesias locales y el clero ordenado se reúnen para las sesiones anuales de la conferencia que aprueban, entre otros asuntos, programas y presupuesto y para hablar sobre preocupaciones sociales. Cada cuatro años estos organismos eligen delegados a las conferencias jurisdiccionales y generales.

¿Qué es una conferencia jurisdiccional?

Una conferencia jurisdiccional es una reunión que se celebra cada cuatro años en cada una de las cinco jurisdicciones geográficas de los Estados Unidos, principalmente para elegir y asignar obispos, determinar los límites de las áreas episcopales e implementar la legislación de la Conferencia General. Cada jurisdicción de los Estados Unidos incluye de ocho a quince conferencias anuales.

¿Qué es una conferencia central?

En África, Europa y Filipinas, hay un total de siete regiones geográficas denominadas conferencias centrales, cada una de las cuales está compuesta por conferencias anuales y está dividida en varias áreas episcopales.

¿Qué es la Conferencia General?

La única entidad que puede hablar oficialmente por la Iglesia Metodista Unida, la Conferencia General, se reúne cada cuatro años en lugares que rotan entre las cinco jurisdicciones de los Estados Unidos. Sesiones especiales en otros momentos pueden ser convocadas por el Concilio de Obispos. El cuerpo internacional incluye no más de 1.000 delegados: la mitad es clero, la otra mitad es laicado. La Conferencia General vota sobre la legislación y las resoluciones que conforman los documentos para la organización de la iglesia. Las versiones actualizadas de estos documentos, el *Libro de Disciplina* y *The Book of Resolutions* (El libro de resoluciones), se producen después de cada Conferencia General.

¿Cómo se eligen los delegados a la Conferencia General?

Cada cuatro años, los miembros de cada conferencia anual eligen delegados a la Conferencia General. La cantidad de clérigos y delegados laicos, a la que una conferencia anual tiene derecho, se calcula sobre dos factores: el número de miembros del clero de la conferencia anual y el número de miembros de las iglesias locales en la conferencia anual. Clérigos votan por clérigos; laicos votan por laicos.

Los nombres de colegios y universidades como Southern Methodist University y Nebraska Wesleyan sugieren que están relacionados con la Iglesia Metodista Unida. ¿Cuál es la relación, si es que la hay?

Una de las primeras medidas tomadas por los metodistas estadounidenses cuando se organizaron en 1784 fue crear el Colegio Cokesbury en Abingdon, Maryland. Desde ese momento, la Iglesia Metodista Unida y sus denominaciones predecesoras han estado afiliadas de alguna manera con 1.200 instituciones educativas. En la actualidad, hay 119 escuelas, institutos y universidades relacionadas con los metodistas unidos, que incluyen 13 escuelas de teología y 12 universidades y colegios universitarios históricamente negros. Estas instituciones tienen una gran variedad de relaciones con la denominación. Algunas escuelas reciben asistencia financiera importante de una unidad de la iglesia o de toda la denominación, mientras que otras reciben poca o ninguna ayuda financiera directa. Un ejemplo de una universidad que recibe apoyo de toda la denominación es la Universidad de África, ubicada en Zimbabue. La universidad comenzó en 1992 y en el presente (2018) tiene más de 5.000 estudiantes graduados.

¿Cómo se relacionan los hospitales y las casas de retiro con la Iglesia Metodista Unida?

Al igual que con las escuelas, colegios y universidades, la relación de hospitales y casas de retiro con la iglesia varía. Los ministerios de salud y bienestar relacionados con la Iglesia Metodista Unida sirven a más de 32 millones de personas en 1.555 lugares en todos los Estados Unidos y proporcionan más de $ 2 mil millones en atención de caridad anualmente. Estos incluyen 152 ministerios de adultos mayores; 105 ministerios de servicio comunitario; 63 ministerios de servicios para niños, jóvenes y familias; y 52 hospitales y sistemas de atención médica.

CLERO

¿Qué es un obispo?

Un obispo es un presbítero ordenado, elegido por una conferencia jurisdiccional o central, para servir en la posición más importante de la iglesia. Los obispos de los Estados Unidos son elegidos de por vida. Se les considera superintendentes generales de toda la iglesia, pero se les asigna un mandato de cuatro años para supervisar el trabajo de la iglesia en un área particular. La tenencia normal en un área es de ocho años; el límite es doce. La edad de jubilación obligatoria para un obispo es de 68, aunque algunos pueden continuar hasta los 72 años, dependiendo del momento en que cumplan 68 años. Las reglas varían en las conferencias centrales donde algunos obispos son elegidos por períodos de cuatro años. En la actualidad, la iglesia tiene 66 obispos activos y 101 jubilados. Todos son miembros del Concilio de Obispos, pero solamente los obispos activos pueden votar en ese cuerpo.

¿Cómo se les paga a los obispos?

Todos los obispos de los Estados Unidos reciben el mismo monto de salario, de acuerdo con una fórmula determinada por la Conferencia General. Además del salario, a cada obispo se le proporciona una residencia episcopal perteneciente a la conferencia anual o conferencias dentro del área episcopal. Los obispos en conferencias centrales fuera de los Estados Unidos reciben un salario de acuerdo con las escalas salariales en las economías de sus respectivas regiones.

¿Cómo consigue mi iglesia a un pastor o a una pastora?

Todos los miembros ordenados (presbíteros y diáconos) de una conferencia anual son nombrados anualmente por el obispo, ya sea que sirvan como pastores de congregaciones o en ministerios de extensión fuera de la iglesia local. El nombramiento de pastores es un proceso consultivo que involucra al comité de la iglesia local apropiado, al superintendente de distrito y al obispo. El obispo tiene la autoridad final en la toma de decisiones.

¿Por qué se tiene que mudar mi pastor y mi pastora?

El metodismo tiene una larga tradición de clero itinerante. Cuando el metodismo comenzó en Norte América, los pastores sirvieron circuitos, al viajar alrededor de una región específica para ministrar comunidades metodistas dentro de esa área. Hoy en día, todos los presbíteros ordenados de la conferencia anual están sujetos a un nombramiento anual por parte de un obispo y deben estar dispuestos a ir a donde sean enviados. Esta itinerancia le asegura a cada pastor una iglesia y a cada iglesia un pastor. También combina los dones y las gracias de un individuo con las necesidades de una iglesia o área de servicio en particular, y proporciona una base más amplia de ministerios desarrollados por una variedad de estilos de liderazgo traídos por cada pastor individual a lo largo del tiempo. Los diáconos ordenados no viajan. Son nombrados por el obispo, pero normalmente encuentran su propio lugar de nombramiento.

¿Por cuánto tiempo se queda un pastor o una pastora en una iglesia?

Una pastora o un pastor es nombrado por un año, pero la mayoría se queda en un nombramiento por varios años. La tenencia (o permanencia) promedio es de aproximadamente cuatro años.

¿Cómo se paga a pastores y pastoras?

Las iglesias locales determinan la cantidad del salario del pastor o la pastora. Cada conferencia anual establece un salario mínimo que subsidia si la congregación local no puede pagarlo en su totalidad.

¿Alguna vez se despide al clero?

Los presbíteros ordenados pueden "ubicarse" voluntariamente —si eligen salirse del sistema itinerante o de nombramiento habitual— o pueden ser expulsados por "ubicación involuntaria". Las credenciales ministeriales se le pueden anular a un miembro del clero si se le encuentra culpable de alguno de los cargos detallados en el *Libro de Disciplina* de la iglesia. A veces, las credenciales se entregan voluntariamente.

Tenemos diáconos y presbíteros en el personal de mi congregación. ¿Cual es la diferencia?

Los diáconos y los presbíteros son ordenados, pero el enfoque de su ministerio es algo diferente. Tanto los diáconos como los presbíteros son ordenados para ministerios de palabra y servicio. Mientras que los diáconos son seleccionados para ministerios de compasión y justicia, los presbíteros lo son para ministerios de sacramento y orden. Ambos son nombrados por los obispos. Los presbíteros, en su mayoría, son nombrados como pastores de iglesias o capellanes institucionales. Los diáconos guían al pueblo de Dios en los ministerios de compasión y justicia en el mundo y pueden dirigir oportunidades de formación de fe. Los diáconos, además, pueden ser nombrados para servir principalmente en congregaciones o en entornos fuera de la iglesia local.

Cuándo me dirijo a mi pastora o mi pastor, ¿cómo le debo llamar?

Los pastores y las pastoras a menudo invitan a los miembros adultos de su congregación a llamarles por su primer nombre. De lo contrario, el uso de *el pastor/ la pastora* antes de su nombre o apellido es apropiado. El uso de *reverendo (rdo.)* o *reverenda (rda.)*, como un título de respeto, se usa comúnmente, pero es discutible. El diccionario de la lengua española considera la palabra "reverendo, -a" como un adjetivo "digno de reverencia". El libro de estilo más utilizado por los periodistas dice que, cuando se usa antes del nombre de un individuo, *reverendo/reverenda* debe ir precedido del artículo *el/la*. Los pastores con títulos de doctorado a veces prefieren que el *dr.* sea usado antes de sus apellidos. Los clérigos nombrados para ministerios más allá de la iglesia local pueden preferir títulos más descriptivos de su trabajo diario: *capellán, presidente, decano, profesor,* etc. Por lo tanto, cuando tenga dudas, pregúntele a su pastor o a su pastora cómo prefiere que se le llame.

¿Cómo puedo ser nombrado ministro ordenado?

Primero, hable con su pastor, con su pastora, o con otra persona del clero acerca de su interés o sentimiento del llamado de Dios al ministerio por tiempo completo. Su pastor puede guiarlo a través de un proceso que comienza con una solicitud de candidatura. Usted debe haber sido activo en la Iglesia Metodista Unida o miembro de la Iglesia Metodista Unida por un mínimo de un año y ser aprobado por su iglesia local, un comité de distrito y una junta de la conferencia del ministerio ordenado. Normalmente, debe completar una licenciatura y tres años de estudio en una escuela de teología aprobada. La Iglesia Metodista Unida también otorga licencias a pastores y pastoras locales que completan un curso de estudios sin título y sirven a una congregación o ministerio de extensión en donde llevan a cabo las tareas de pastor o pastora durante el tiempo de su nombramiento. No se les garantiza un nombramiento, y su licencia pierde su validez una vez que finaliza el nombramiento.

¿Por cuánto tiempo han existido las mujeres clérigas en la Iglesia Metodista Unida?

Las mujeres fueron ordenadas en algunas denominaciones predecesoras de la Iglesia Metodista Unida a fines del siglo XIX, pero no recibieron los mismos derechos que sus colegas masculinos hasta 1956 en la Iglesia Metodista. Hoy, las presbíteras ordenadas son miembros de sus conferencias anuales y, como tales, son totalmente elegibles para el nombramiento como pastoras, superintendentes de distrito, nombramientos especiales más allá de la iglesia local y elección como obispas. Las diáconisas son elegibles para cualquier nombramiento adecuado para el ministerio de un diácono. A las mujeres no se les niegan oficialmente cargos de liderazgo en ninguna parte de la iglesia debido a su género.

¿Cuántas mujeres ordenadas sirven a la iglesia hoy en 2018?

Las estadísticas más recientes indican que de los 45.210 clérigos en los Estados Unidos, 12.300 son mujeres. Nuestros mejores registros muestran que aproximadamente el 34% de los superintendentes de distrito son mujeres. De los 46 obispos activos en los Estados Unidos, dieciséis son mujeres. De los veinte obispos activos fuera de los Estados Unidos, uno es una mujer. Si bien el número de mujeres clérigas ha aumentado en las últimas décadas, todavía hay relativamente pocas mujeres en puestos pastorales de las congregaciones más grandes.

¿Por qué nuestro pastor recién nombrado no se unió a nuestra iglesia con su esposa e hijos?

El clero metodista unido es miembro de su conferencia anual, el cuerpo al que obedece en el desempeño de sus funciones. Como su membresía es en la conferencia anual, no se convierten en miembros de las iglesias locales a las que sirven.

¿Cuáles son los principales desafíos que enfrenta la Iglesia Metodista Unida hoy en 2018?

Pregúntele a una docena de personas, y obtendrá una docena de respuestas diferentes: secularización, declinación en la membresía en los Estados Unidos, falta de lealtad en la denominación, competencia por el tiempo y el creciente número de personas que no profesan ninguna convicción religiosa ni afiliación. Algunos líderes de la iglesia afirman que la iglesia tiene una crisis de identidad y que debe renovar su enfoque teológico: ¿Quién es Dios?, ¿Qué hace Dios? y ¿Qué debemos ser y hacer en respuesta? Otros líderes advierten que el futuro de la iglesia depende de atraer a más gente joven y de diversos trasfondos.

Pero, ¿cuál es el problema más crítico?

Sin lugar a dudas, el tema más divisivo que enfrenta la iglesia en este momento, 2018, es el tema de la homosexualidad, que ha sido debatido por los delegados en cada Conferencia General cuatrienal desde 1972. El debate fue tan polémico en la Conferencia General de 2016, la más reciente, en Portland, Oregón, que los delegados detuvieron la discusión y pidieron ayuda a los obispos para llevar a la iglesia a una resolución duradera. Los obispos propusieron crear un grupo representativo para explorar las opciones de la iglesia y hacer una propuesta al Concilio de Obispos. La *Comission on a Way Forward* (Comisión para seguir adelante) de 32 miembros presentará un informe final al Concilio de Obispos en mayo de 2018. Con ese informe en mano, los obispos formularán sus propias recomendaciones para que las consideren los delegados en una sesión especial de la próxima Conferencia General en St. Louis, Missouri, del 23 al 26 de febrero de 2019.

¿Cuál es la postura oficial de la iglesia sobre la homosexualidad?

Los metodistas unidos de todo el mundo representan un amplio espectro de creencias, opiniones y convicciones sobre las personas LGBTQ (lesbianas, gays, bisexuales, transgéneros, *queer* o *questioning*). Expresada con fuerza por los delegados en las últimas doce Conferencias Generales, la postura oficial de la Iglesia Metodista Unida
- reconoce que todas las personas son hijos e hijas de Dios y tienen valor sagrado;

27

- implora a las familias y las iglesias que no rechacen ni condenen a los miembros y amigos y amigas lesbianas y homosexuales;
- apoya los "derechos humanos básicos y las libertades civiles" para todas las personas, independientemente de su orientación sexual;
- apoya los esfuerzos para detener la violencia y otras formas de coacción contra todas las personas, independientemente de su orientación sexual;
- describe la "práctica de la homosexualidad" como "incompatible con la enseñanza cristiana";
- prohíbe que "homosexuales practicantes autoproclamados" sean ordenados o nombrados pastores o pastoras;
- prohíbe a los pastores, a las pastoras y a las iglesias a llevar a cabo ceremonias de celebración de matrimonios homosexuales;
- prohíbe que los fondos económicos la iglesia se usen para "promover la aceptación de la homosexualidad", pero no limita el ministerio de la iglesia en respuesta a la epidemia del virus de la inmunodeficiencia humana (VIH);
- afirma las relaciones sexuales solamente en "matrimonio monógamo, heterosexual" y apoya la ley que define el matrimonio como la unión entre un hombre y una mujer; y
- afirma el derecho de todas las personas, independientemente de su orientación sexual o identidad de género, a estar libre de acoso y "comportamiento agresivo no deseado".

¿Cómo determina la iglesia su posición en asuntos sociales?

Sólo la Conferencia General, cuerpo global de no más de 1.000 delegados —la mitad clero y la otra mitad laicado— habla oficialmente por la iglesia. Los delegados en cada conferencia producen un conjunto de principios sociales, como un "esfuerzo piadoso y reflexivo, para hablar sobre problemas humanos en el mundo contemporáneo desde una sólida base bíblica y teológica". Estos principios son un "llamado a todos los miembros a un diálogo de fe y práctica en oración y estudio". Obviamente, los metodistas unidos no están de acuerdo con todos estos principios. Estos principios, en su mayoría, están destinados a ser "instructivos y persuasivos", y no se convierten en ley de la iglesia. Los recursos oficiales de la iglesia, como el plan de estudios de la iglesia, deben reflejar las posiciones oficiales de la iglesia.

¿Cuál es la postura de la iglesia en cuanto al aborto?

La iglesia afirma la santidad de la vida humana que no ha nacido, pero reconoce "conflictos trágicos de la vida con la vida que pueden justificar el aborto". La iglesia dice que las decisiones sobre el aborto deben tomarse únicamente después de una consideración reflexiva y en oración por las partes involucradas, con médicos, familiares, pastores, y cualquier otro tipo de apoyo que sea apropiado. El aborto tardío es opuesto excepto cuando la vida física de la madre está en peligro. El aborto es rechazado como un medio de control de la natalidad o como un medio de selección de género. Se alienta a los ministerios que busquen opciones para reducir los embarazos no deseados.

¿Cuál es la posición de la iglesia en cuanto al divorcio?
La iglesia reconoce el divorcio como un evento lamentable, pero respalda el derecho de las personas divorciadas a casarse de nuevo.

¿Cuál es la postura de la iglesia con respecto a la pena de muerte?
La iglesia se opone a la pena de muerte (pena capital) e insta a su eliminación de todos los códigos penales.

¿Cuál es la postura de la iglesia sobre el control de armas?
Se alienta a las congregaciones metodistas unidas a apoyar las leyes que reduzcan la violencia por el uso de armas, y que incluyan verificaciones universales de antecedentes sobre todas las compras de armas y la prohibición de "cargadores de munición de gran capacidad y armas diseñadas para disparar múltiples rondas cada vez que se accione el gatillo".

¿Qué debo hacer si quiero cambiar una posición de la iglesia con la que no estoy de acuerdo?
Cada metodista unido tiene el derecho de presentar una petición a la Conferencia General. Su pastor o su pastora le puede ayudar. Cada petición será considerada, aunque las peticiones similares generalmente se agrupan bajo un mismo tema. También usted puede contactar a los delegados de su conferencia anual a la Conferencia General. Normalmente, estas personas son elegidas en las sesiones anuales de la conferencia en el año anterior a la Conferencia General.

¿Dónde puedo encontrar las posiciones oficiales y las reglas de la Iglesia Metodista Unida?
Dos libros serán de gran ayuda: El *Libro de Disciplina* y *The Book of Resolutions*. Ambos se producen cada cuatro años después de las

sesiones de la Conferencia General. El *Libro de Disciplina* es nuestro manual de procedimientos y regulaciones. Cubre cada fase de la vida de la iglesia: doctrina; orientación para el comportamiento cristiano; procedimientos y rituales para convertirse en miembro de la iglesia o en ministro; describe los detalles para organizar y administrar iglesias locales, distritos y conferencias, así como juntas y agencias de toda la nación; e incluye las reglas de la ley de la iglesia. *The Book of Resolutions* incluye declaraciones sobre las preocupaciones sociales aprobadas por los delegados a la Conferencia General.

¿Cómo puedo obtener respuestas a preguntas que no están en este libro?

Hable con su pastor o con su pastora, consulte los recursos recomendados, o visite el sitio web oficial de la denominación: www.umc.org. Un recurso esencial para obtener información adicional es *The United Methodist Church Handbook—Therefore, Go: Making Disciples of Jesus Christ for the Transformation of the World*, (Manual de la Iglesia Metodista Unida—Por lo tanto, vaya: Haga discípulos de Jesucristo para la transformación del mundo) United Methodist Communications, 2017. Este recurso está disponible en cuatro idiomas en línea en: http://www.umcgiving.org/resource-articles/united-methodist-handbook-languages.

Usted también podrá encontrar una lista de agencias generales de la Iglesia Metodista Unida y sus sitios web enumerados al final de los recursos recomendados incluidos a continuación.

Thomas S. McAnally, jubilado, fue director del Servicio de Noticias Metodistas Unidas, donde respondió a preguntas sobre la denominación procedentes de periodistas, representantes de medios de comunicación y miembros de la iglesia. Nombrado en 1989 Comunicador del Año por la Asociación Metodista Unida de Comunicadores, ha cubierto eventos metodistas unidos y eventos ecuménicos en los Estados Unidos, África, Asia, Europa y América Central. Su versión original de *Questions & Answers*, publicada por Abingdon en 1995, vendió más de 250.000 copias.

RECURSOS RECOMENDADOS

Anderson, E. Byron. *The Meaning of Holy Communion in The United Methodist Church.* Nashville: Discipleship Resources, 2014.

Libro de disciplina de la Iglesia Metodista Unida, 2016. Nashville: The United Methodist Publishing House, 2016.

The Book of Resolutions of The United Methodist Church, 2016. Nashville: The United Methodist Publishing House, 2016.

"By Water and the Spirit: A United Methodist Understanding of Baptism." *The Book of Resolutions of The United Methodist Church.* Nashville: The United Methodist Publishing House, 2016.

Crain, Margaret Ann. *The United Methodist Deacon: Ordained to Word, Service, Compassion, and Justice.* Nashville: Abingdon Press, 2014.

Frank, Thomas Edward. *Polity, Practice, and the Mission of The United Methodist Church.* Nashville: Abingdon Press, 2006.

Jones, Scott J. and Arthur D. Jones. *Ask: Faith Questions in a Skeptical Age.* Nashville: Abingdon Press, 2015.

Joyner Jr., F. Belton. *United Methodist Questions, United Methodist Answers: Exploring Christian Faith.* Revised edition 2015. Louisville, KY: Westminster John Knox Press.

Stamm, Mark W. *Our Membership Vows in The United Methodist Church.* Nashville: Discipleship Resources, 2014.

Stamm, Mark W. *The Meaning of Baptism in The United Methodist Church.* Nashville: Discipleship Resources, 2016.

Stamm, Mark W. *Sacraments & Discipleship, Understanding Baptism and the Lord's Supper in a Methodist Context.* Nashville: Discipleship Resources, 2003.

Stamm, Mark W. *Extending the Table, A Guide for a Ministry of Home Communion Serving.* Nashville: Discipleship Resources, 2009.

"This Holy Mystery: A United Methodist Understanding of Holy Communion." *The Book of Resolutions of The United Methodist Church.* Nashville: The United Methodist Publishing House, 2016.

The United Methodist Hymnal. Nashville: The United Methodist Publishing House, 1989.

The United Methodist Book of Worship. Nashville: The United Methodist Publishing House, 1992.

Tuell, Jack M. *The Organization of The United Methodist Church.* 2009–2012 Edition. Nashville: Abingdon Press, 2010.

Willimon, William H. *This We Believe: The Core of Wesleyan Faith and Practice.* Nashville: Abingdon Press, 2010.

Yrigoyen Jr., Charles. *Belief Matters: United Methodism's Doctrinal Standards.* Nashville: Abingdon Press, 2001.

Agencias generales de la Iglesia Metodista Unida

Ministerios de Discipulado: www.umdiscipleship.org

Junta General de Iglesia y Sociedad: www.umcjustice.org

Junta General de Ministerios Globales www.umcmission.org

Junta General de Educación Superior y Ministerio: www.gbhem.org

Comisión General de Archivos e Historia: www.gcah.org

Comisión General de Religión y Raza: www.gcorr.org

Comisión General del Estado y Rol de la Mujer: www.gcsrw.org

Comisión General de Hombres Metodistas Unidos: www.gcumm.org

Concilio General de Finanzas y Administración: www.gcfa.org

La Mesa Conexional: www.umc.org/connectionaltable

La Casa Metodista Unida de Publicaciones: www.umph.org

Comunicaciones Metodistas Unidas: www.umcom.org

Mujeres Metodistas Unidas: www.unitedmethodistwomen.org

Wespath (antes Junta General de Pensiones y Beneficios de Salud): www.wespath.org

www.ingramcontent.com/pod-product-compliance
Lightning Source LLC
Chambersburg PA
CBHW010330030426
42337CB00026B/4888